Roberto Carlos Valicheski
QUAL O VALOR ?
OS 5 PILARES ESSEN

ROBERTO CARLOS VALICHESKI



Título original
Qual o valor da sua vida?


Design
Thiago Henrique Moreira


Revisão
Ana Silvia Jacques

Dados Internacionais de Catalogação na Publicação (CIP)
(Câmara Brasileira do Livro, SP, Brasil)

Valicheski, Roberto Carlos
   Qual o valor da sua vida? [livro eletrônico] : os
5 pilares essenciais para sua vida / Roberto Carlos
Valicheski. -- 1. ed. -- São Francisco do Sul, SC :
Ed. do Autor, 2020.
   1 Mb ; PDF

   ISBN 978-65-00-06342-4

   1. Conhecimento 2. Crescimento pessoal
3. Emoções 4. Fé 5. Inteligência 6. Mente - Corpo
7. Pensamentos I. Título.

20-40138                                        CDD-158.1

Índices para catálogo sistemático:

1. Valores humanos : Psicologia aplicada   158.1

Maria Alice Ferreira - Bibliotecária - CRB-8/7964

## Antes De Tudo, Agradecer...

A Deus por me guiar nesta vida.

Aos meus pais Constante e Miguelina sinônimo de dignidade, humildade e amor.

Aos meus irmãos pela ajuda mútua.

Em especial, a Ana Silvia por nunca desistir de mim nos piores momentos que não havia esperança.

Ao meu filho João Marcelo, objetivo de viver e lutar pela vida.

Aos meus sogros pela força incondicional.

A Rafael Bartos pelo incentivo e confiança.

A José Roberto Marques, Paulo Vieira e Geronimo Theml pelo estímulo a mudança de vida.

A Você pela sua iniciativa de ler este livro, sinal claro que pretende ir mais longe no seu conhecimento.

Olá,

## - Onde Pretendo Chegar?

As palavras que compõem este livro são intencionais e

podem comovê-lo ao pensar no valor de sua vida.

É direcionado a todas as pessoas que por ventura, considerem a vida um valor precioso.

Logo, o objetivo deste livro é ainda para você que podes ir além das condições imediatas.

Traz orientação e a convicção para aquele que entende que a vida é um aprendizado constante.

Enfim, seja bem-vindo à leitura e nesse instante, convido-lhe a usufruir dos 5 pilares essenciais para sua vida.


Boa leitura!


Roberto Carlos Valicheski


# OS Cinco Pilares Para Sua Vida

Nós somos seres providos de inteligência, mutáveis, sonhadores e realizadores que fazem parte do universo. Criados para a missão de sermos felizes, conquistadores e transformadores do seu próprio espaço, por meio do esforço físico e mental na perspectiva espiritual.

Em cada uma das mãos temos cinco 5 dedos e ao refletir sobre o seu significado, podemos projetar pilares de sustentação em cada um.

Pilares que a cada minuto utilizamos para convivência e crescimento pessoal.

Os 5 pilares essenciais para sua vida descritos adiante em detalhe.

**1 - Conhecimento.**

**2 - Corpo.**

**3 - Mestre.**

**4 - Propósito pessoal.**

**5 - Fé**.

Estes princípios são fundamentais e estão disponíveis para acessá-los no cotidiano. Desse modo, podemos praticá-los como objetivo de vida. Tais princípios favorecem a vida pessoal e profissional para demonstrarmos nosso potencial, quer seja no trabalho, com os familiares ou individualmente.

Assim, seus passos direcionam-se para o significado do valor que atribui à sua vida.

Ao refletirmos sobre tais pilares, seguimos o que é essencial para a vida e não apenas como um mero acessório.

O conhecimento, o corpo e a mente, ter um propósito pessoal e a fé, embora ventos contrários modificam a sua história.

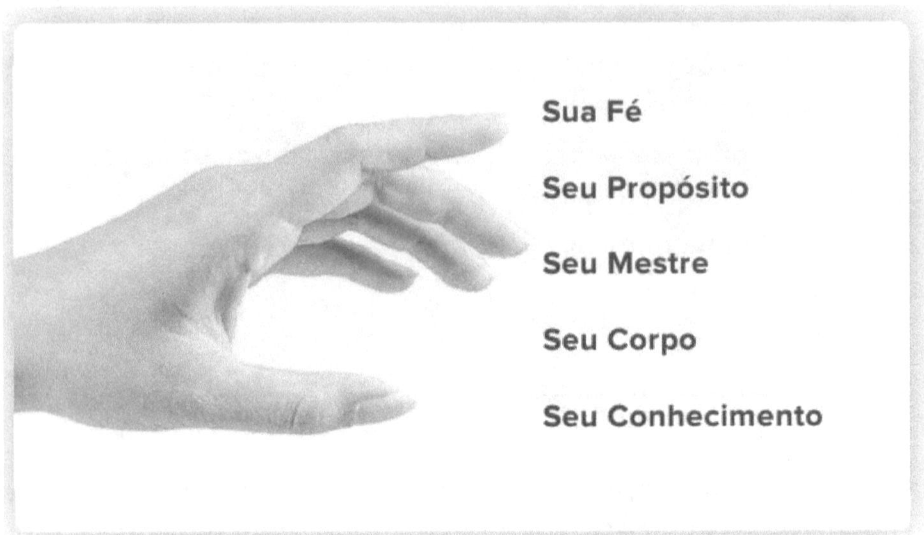


A vida centraliza-se em 5 pilares e ao visualizar sua "mão", pratique todos os dias com disciplina para alcançar seus objetivos.

# C ONHECIMENTO

Qual seu estágio de conhecimento? O que tem estudado? Qual seu trabalho atualmente?

O ponto de partida para tais questionamentos é o que aprendemos até o exato momento da vida, armazenado na memória para "você tomar conta de você".

O essencial é pensar, analisar e refletir sobre em que realidade imediata eu me encontro. Subentende-se, que até então trazemos uma bagagem de conhecimentos sobre como vivemos.

Vontade e dedicação são comportamentos para quem deseja aprender continuamente, quer dizer, estamos cercados de excesso de informações e por vezes não se trata de conhecimento.

Entretanto, a vontade e a dedicação articulam-se à iniciativa no que lhe move no dia a dia. Portanto, o que te faz acordar c ir à luta? Certamente são fundamentais os seus pensamentos e o estímulo mental que te movimenta para ousar na vida e seguir seus planos.

O conhecimento que você se apropriou por esforço ou osmose, lhe trouxeram até aqui.

Sendo assim, a conscientização de seus pensamentos, oportuniza a transição de um estágio mental para outro, e, nesse entendimento, há um conflito interno de razões, significados, opiniões e ações. Sobretudo de acordo com o "eu caráter", surgem desculpas e invenções do porquê das atitudes diante do desconhecido.

Costumo afirmar que ao realizar um trabalho "FAÇA O SERVIÇO COMPLETO". Tal ponto de vista, sugere não delegar aos outros o que você pode fazer. Busque conhecimentos com organização, disciplina e comprometimento, uma vez que, são tripés essenciais que resultam na responsabilidade.

Desculpas que te acompanham, como exemplo, a família que pertenço, os hábitos arraigados, as queixas, as dificuldades da vida, protelam a transformação de sua realidade.

No coloquial a frase: "Pense antes de falar", em resumo sugere-se: "Escute antes de falar". Nestes termos, praticar qualquer ação sem a busca de conhecimentos prévios, em fração de segundos pode acarretar mal-entendido e falta de bom senso.

Pratique o exercício do pensamento, use a imaginação e este fluirá na sua vida.

Quando iniciamos a vida produtiva no mercado de trabalho, pensamos ingenuamente que estamos aptos para desenvolver a função. No entanto, ao transcorrer o tempo de trabalho, percebemos a necessidade de um melhor desempenho, sendo cobrados com frequência.

Os fatores que os pais ou responsáveis alegam para introduzir seus filhos no mercado de trabalho, mesmo antes de atingir a maioridade, se associam à vários motivos. Entre eles, a educação tradicional que remete ao capitalismo, uma ocupação, para ter experiência e principalmente, ajudar nos proventos da família.

É evidente que não há a preocupação com o desenvolvimento profissional e pessoal e dessa forma, este jovem perde a noção do que está fazendo e para onde conduz a sua vida.

De certo modo, o mercado exige qualificação e formação continuada para melhoria do desempenho e produtividade.

Frente a essa realidade, o ser humano se adapta de maneira alienada à situação, permanecendo na estagnação da sobrevivência.

Nas palavras de Bauman (2015), "o desejo insaciável de continuar consumindo, faz parte do metabolismo das pessoas". Acrescento a este pensamento, a importância de um planejamento do que consumir e porquê consumir. Um exemplo é quando vamos ao supermercado ou lojas e apesar de ter uma lista na mão do que adquirir, acabamos por comprar o excedente. Assim, acontece em tudo o que necessitamos para suprir as necessidades básicas ou secundárias, muitas vezes, sem condições financeiras.

Com esses aspectos, o autoconhecimento sobre minhas atitudes financeiras resulta em um processo de aprendizagem constante, que nasce de enfrentamentos e desafios diários. Então, surgem as alternativas: cartão de crédito, financiamentos, consignados, empréstimos pessoais e jurídicos, entre outros, condenando a remuneração.

A partir daí você embarcou em uma árdua jornada de encontrar culpados como a sorte, o destino, os familiares, um ser superior, o patrão, o livre mercado, o banco, entre tantos. São desculpas para justificar o fracasso como gestor de seus gastos e gestor de sua vida.

O trabalho faz parte da vida não somente para o sustento, mas, para ter uma razão maior de existir nesse mundo. Para isso, é possível mudar a situação financeira, a partir de um planejamento, seja ele, para construir sua casa, comprar um carro, fazer uma viagem ou qualquer outro objetivo.

Afinal, não se acomode em martírio constante esperando a solução chegar. Você precisa ter consciência de que fará a diferença, embora nem tudo dependa de suas atitudes, porém, entenda que suas escolhas na vida prevalecerão.

Pensar em escolhas traz à tona a história de meus avós maternos. Há 67 anos, meu avô constituiu família com 7 filhos, sendo que o menor estava com 2 anos e o maior com 21 anos, decidindo abandoná-los e retornar à Polônia. Fato este, contado e recontado pela família de geração em geração, ocorrido no interior da cidade de Erechim – RS. No final da vida, meu avô faleceu em um asilo, distante de todos que o aguardavam no Brasil. Isso significa, que meu avô fez uma escolha para fugir da realidade e do compromisso com os filhos.

A felicidade não está em outras pessoas, famílias e lugares. Não adianta procurar além de você. De acordo com os estudiosos sobre o assunto, a felicidade mora em você. Na verdade, o ser felicidade são momentos que foram projetados por você e precisam ser vividos plenamente.

A emoção, o sentimento, o pensamento positivo e a ação, são elementos que na atualidade estão em voga, reações debatidas e reafirmadas como a chave do sucesso para uma vida plena. Embora, esses aspectos sejam primordiais, não se trata de uma novidade. Porém, a minha convicção é que a maneira de viver e o planejamento que define para a sua vida, requer força de vontade, incentivo para permitir-se ir à luta.

Para frisar, outro dia resolvi construir uma parede em minha casa, com o objetivo de economizar na mão de obra, iniciei com o mínimo de experiência. Confiei na minha capacidade de realizar o serviço sem o uso de guia e nível, na ilusão que daria certo. Na minha ideia seria a obra perfeita. Estava errado, pois ficou visivelmente irregular.

Por sua vez, aprendi a lição e para fazer a segunda parede utilizei o guia e o nível, assim como todo pedreiro faz. Adivinhem... é claro que deu certo!

O que podemos aprender sobre a construção da parede?

Na vida, não precisamos fazer ensaios espontâneos para ver se vai dar certo, é preciso conhecimento metodológico de como fazer. Neste caso, é de suma importância seguir à risca os conhecimentos disponíveis e úteis para seu dia a dia.

1                    2

1 – Parede sem ferramentas adequadas, organização, conhecimento e competência técnica.

2 – Parede com ferramentas adequadas, organização, conhecimento e competência.

# **C**ORPO

O resultado de sua alimentação é a energia vital que precisa para viver. Assim, ao passar mal a noite, percebi que cuidar de minha alimentação seria algo para não protelar. Desse modo, questionamentos povoaram a minha mente.

O que estou fazendo comigo? Qual tipo de alimento que me faz mal? O que me faz engordar? Será que é necessário toda essa quantidade de alimentos?

Para contornar os excessos com alimentação, costumo tomar um chá em que a minha digestão melhora e após de maneira viciante volto a comer.

No meu caso, a necessidade compulsiva de se alimentar, justifica-se pela angústia e estresse. Penso que cada um tem seu motivo, sendo este para compensar carências, por ser prazeroso, preencher o tempo e tantas outras alternativas que levam a uma vida nada saudável.

Outros hábitos envolvem bebida alcoólica, drogas lícitas e ilícitas que causam instabilidade de humor e problemas sérios de saúde.

Neste sentido, conforme o que ingerimos haverá retorno, transformando nosso corpo e mente, bem como nossos relacionamentos.

Para tanto, obviamente que especialistas indicam o exercício físico e uma alimentação saudável. Uma sugestão viável e sem custo nenhum, é uma caminhada diária, somente andar de automóvel quando necessário, diminuir a quantidade de açúcar e gordura e sempre beber água, são princípios básicos de uma vida saudável.

O domínio do pensamento é o ponto de partida para uma alimentação saudável e movimentar o seu corpo.

# M ESTRE

É essencial nos espelhar em alguém para conversar, ouvir conselhos, contar segredos, fazer projetos, sanar as dúvidas e questionar sobre a vida. São critérios que devem ser adotados e seja qual for o termo, escolher um mestre, consultor, orientador, amigo ou pais, enfim, estes contribuirão com o seu caminhar.

Reconhecer diante de um problema que você necessita de outra opinião ou para traçar um novo plano de vida, requer humildade e resiliência.

Para a escolha do seu mestre é preciso ter clareza do que está procurando, na intenção de saber discernir e filtrar, o que é bom para você ou imediatamente descartado.

Para tal, problemas podem ser evitados e esforços serão canalizados em prol de seus objetivos.

Uma experiência que marcou minha memória, foi com o meu professor de física que me fez ver a realidade ao receber nota 4, como primeira média bimestral, sendo que a média mínima era 7.

Na sequência, preocupado, fui conversar com o professor e este deixou claro que a reprovação seria inevitável, mas, se propôs a me atender após as aulas. Qual foi minha atitude?

Encarei a realidade e agradeci pela atitude do professor, já que na verdade não havia estudado e me dedicado o suficiente. Esse professor, chamou-me para a responsabilidade. Após a conversa, tive a certeza de que dependia da minha ação imediata reverter a situação.

Com a atenção do professor, o resultado não poderia ser diferente, minha média anual alterou-se para 8.

Essas são atitudes de acolhimento e responsabilidade que lhe trazem novas alternativas para sua vida.

A chance que esse professor oportunizou para minha vida me fez amadurecer, pois, cabia uma mudança drástica em meu método de estudo. Até o presente momento seus ensinamentos me vêm à mente, pois, os resultados somente dependem do esforço de cada um.

Ter foco conforme as metas que foram definidas, estruturam-se por importância e prioridade. Diante de um mestre, mentor, orientador, alguém com mais experiência, não hesite, pergunte. Do contrário, quando somos inflexíveis nas dificuldades financeiras, problemas nos relacionamentos, questões familiares mal resolvidas, descontentamento no trabalho, profissão errada, indecisão acadêmica e demais situações, continuaremos na mesmice.

Para essa finalidade, nada melhor que uma história real vivenciada por minha família, na qual uma pessoa que recém conhecíamos nos estendeu a mão. Um senhor que estimamos, nos deixou morar em uma de suas casas, sem pagar aluguel durante 4 meses, até que conseguíssemos construir nossa residência.

Desde então, procurei seguir seu exemplo, pois fez uso estratégico do princípio de "dar antes de receber", uma vez que era o dono do terreno que havíamos adquirido.

# P ROPÓSITO PESSOAL

A iniciativa que surge ao praticar os 5 pilares em sua vida, em outras palavras, aprendizado constante, condição física, reconhecer a orientação de outra pessoa, favorece a definição de um propósito pessoal.

Considerando esses pilares, qual é o valor da sua vida?

Compreendo, que para a definição de seu propósito pessoal, este poderá ser delineado por meio de duas variáveis: valor imaterial e material.

Quanto ao valor imaterial, refere-se ao apreço que temos pela vida. Esse valor envolve diretamente a sua autoestima, ou seja, o quanto valoriza o que sente por si mesmo.

Ter um propósito pessoal denota claramente onde quer chegar. Assim, os motivos que nos fazem agir sem medo e com autoconfiança, é por que estamos determinados a alcançar o que queremos, sem delegar a outrem.

Outro ponto é ter atitude de aprendiz e mesmo que você não saiba o caminho a seguir, descubra por si próprio.

Para ilustrar a atitude de aprendiz, quero compartilhar um episódio de um casal de idosos.

Na certeza de não permanecerem residindo em uma cidade longe de sua filha e neto, resolveram mudar-se de uma região onde moravam há mais de 60 anos.

Sendo assim, devido a ansiedade e o desejo de mudança, não planejaram o horário de saída da mudança da sua terra natal. Após o carregamento da mudança, partiram tarde da noite para viajar 800km.

No trajeto, em pleno inverno, exaustos dormiram no carro para continuar a viagem. O objetivo foi alcançado, pois ao amanhecer chegaram ao destino determinado, felizes com a recepção da família.

Os valores imateriais compreendem o envolvimento dos

sentimentos, emoções e ações. Todavia se destaca a autoestima e a decisão, que vai possibilitar a convicção de estar preparado para executar seus desejos. Atitudes como, mudar diante das adversidades, adaptar-se e transformar-se, fazem parte da realidade da vida, independente das suas condições e idade.

A ansiedade e o pensamento negativo não alteram seu estilo de vida e são barreiras que afetam as decisões para a efetiva mudança de vida.

Ter um propósito é materializar sua felicidade. Na maioria das vezes, principalmente os familiares, não apoiam mudanças drásticas no seu estilo de vida. Em contrapartida, não conhecem os detalhes que te levaram a querer mudar.

Ter em mente um propósito de vida, bem como sua operacionalização é você quem determina. Obstáculos no caminho surgirão, mas serão transponíveis com vontade, mesmo que isso leve anos para a concretização.

Por esse viés, o propósito pessoal é incrementado pelo valor material. Neste caso, se estiver focado e ao elaborar um cronograma com antecedência para a execução das suas metas, então, colherá os resultados antes do tempo estimado.

Quanto ao tempo para alcançar as suas metas de vida, depende da clareza do que ser quer e da eficácia dos seus procedimentos.

Sobre esse assunto deve-se não perder de vista suas metas e objetivos, reavaliando e retomando quando necessário. Sobretudo, não desista do que pretende, logo no primeiro imprevisto que surgir.

Aprenda a delegar as tarefas que outras pessoas podem fazê-la por você, desta forma, otimizará a vida valorizando o seu tempo. No entanto, verifique o "serviço completo". Nesta atitude, com certeza prevalecerá a credibilidade com as pessoas que colaboraram contigo na execução do seu propósito.

Neste momento, quero compartilhar minha experiência na abertura de uma empresa na mesma época de um amigo, embora áreas de atuação diferentes. Após 8 anos de muito trabalho, meu amigo prosperou com solidez e eu pelo contrário.

Em detalhes, a forma de gerenciamento de meu amigo, fundamentou-se na assessoria de consultores, funcionários para cada função, recursos/ investimentos apropriados, riscos previamente calculados e metas a serem alcançadas.

Por consequência, ao gerir a minha empresa tive a preocupação com a demanda imediata. Desse modo, resolvia tudo tentando baratear os custos na contratação de amigos, parentes e funcionários inexperientes. Outra situação, era a forma de contrato dos funcionários, com privilégios, salário elevado e pagamentos excessivos de tributos.

O modelo de negócio não favorecia o fluxo de caixa e por fim, os empréstimos eram frequentes, uma vez que não havia entrada de recursos ou reservas. Saliento que no quarto ano de movimentação da empresa, houve uma excelente entrada de recursos financeiros. No entanto, realizei investimentos exagerados por impulso e sem retorno posterior. Na ocasião, por recorrer a empréstimos e na falta de fluxo financeiro, a derrocada foi inevitável.

Em termos gerais, a partir da experiência adquirida como empreendedor, segue parâmetros:

✓ Elabore uma planilha simples de seus gastos e recebimentos mensais;

✓ Tenha a noção exata de sua remuneração;

✓ Não utilize limite de seu cartão, calculando os juros;

✓ Compre somente a vista, negociando descontos e sem parcelamento;

✓ Não recorra a empréstimos, como a única saída para os problemas financeiros;

✓ Faça economias, aplicando o máximo que puder, fazendo seus rendimentos trabalhar por você;

✓ Não esbanje, adquira somente o necessário;

✓ Encontre uma maneira para se livrar do aluguel;

✓ Qualifique constantemente seu currículo;
✓ Utilize a tecnologia gratuita para se qualificar;
✓ Alie-se com pessoas e amigos que te agregue valor;
✓ Trabalhe em equipe.
✓ Quando tiver dinheiro pague primeiro suas dívidas;
✓ Elabore seu metas e objetivos pessoais;

Tais direcionamentos servem para buscar novas rotas, criar alternativas e rever seu planejamento financeiro.

Pense em um projeto de vida compartilhado ao seu redor, pois a ganância, a cobiça, o orgulho e o egocentrismo não resistem por muito tempo.

O tempo passa e as prioridades mudam, antes de traçar o que você QUER TER, pense no que você QUER SER.

# Fé

A palavra fé deriva do latin "FIDELITAS" que significa "adesão".

Você tem fé? Quais são suas crenças?

Deus, um Ser Supremo, Iluminados, Forças do universo, entre outras. A fé é a única forma de conseguir o que você quer, ou seja, acreditar, agir e persistir.

Á título de exemplo, a "Parábola do Semeador" retrata o modo de viver e as sementes que deixamos pelo caminho.

> "O semeador saiu para semear. Enquanto semeava, algumas sementes caíram à beira do caminho, e os passarinhos foram e as comeram. Outras sementes caíram terreno pedregoso, onde não havia muita terra. As sementes logo brotaram, porque a terra não era profunda. Porém, o sol saiu, queimou as plantas, e elas secaram, porque não tinham raiz. Outras sementes caíram no meio dos espinhos, e os espinhos cresceram e sufocaram as plantas. Outras sementes, porém, caíram em terra boa, e renderam cem, sessenta e trinta frutos por um. Quem tem ouvidos, ouça!"
>
> Todo aquele que ouve a Palavra do Reino e não a compreende, é como a semente que caiu à beira do caminho: vem o Maligno e rouba o que foi semeado no coração dele. A semente que caiu em terreno pedregoso é aquele que ouve a Palavra, e logo a recebe com alegria. Mas ele não tem raiz em si mesmo, é inconstante: quando chega uma tribulação ou perseguição por causa da Palavra, ele desiste logo. A semente que caiu no meio dos espinhos é aquele que ouve a Palavra, mas a preocupação do mundo e a ilusão da riqueza sufocam a Palavra, e ela fica sem dar fruto. A semente que caiu em terra boa é aquele que ouve a Palavra e a compreende. Esse com certeza produz fruto. Um dá cem, outro sessenta e outro trinta por um."
>
> **Mateus 13: 1-23**

Com essa parábola, o que fazemos e por que fazemos recebe outro significado. Por certo, é possível interpretar seus ensinamentos, plantando em terra boa e multiplicando seus frutos.

Cabe ressaltar, que depende da minha consciência, se sou uma semente e em que terreno estou. Desta forma, onde minhas sementes caíram, seja na estrada, nas pedras, entre espinhos ou em terra fértil, posso desenvolver minha potencialidade.

Nesta trajetória, obviamente, preciso caminhar sempre em movimento, procurando mudar meus hábitos.

Os ensinamentos de Jesus, um Mestre para a maioria das pessoas nas palavras de Mateus, indica um caminho de superação para deciframos nossos sofrimentos.

Mas, você pode alterar seu presente e futuro semeando em terras férteis.

Para entender melhor os cinco pilares essenciais da sua vida, observe como faz uso do seu pensamento.

Pensar no seu bem e nas pessoas de sua convivência, significa ir além da satisfação de seus desejos imediatos e materiais.

Napoleon Hill no livro "+ Esperto que o Diabo", (1938) em diálogo com o diabo, questiona: - Um alienado possui capacidade de usar a fé? A resposta do diabo, este personagem do livro, vem em seguida: - Ele pode ter a capacidade de usar, mas não utiliza. Todo mundo tem a força potencial para limpar a sua mente de todos os pensamentos negativos, e dessa forma utilizar-se do poder da fé".

O seu propósito de vida está diretamente ligado ao que acredita e ninguém pode fazer por você. Faça deste propósito uma devoção diária, ou seja, desejo ardente de realização e vontade de transpor seus ideais na vida prática.

Ao elaborar um plano para sua vida, este será testado pelas pessoas e as adversidades que surgirem em seu caminho. Portanto, permaneça firme e empenhe-se nos seus objetivos e ideais.

Um olhar sobre o passado e tudo o que aconteceu, pode servir para rever suas atitudes, mas não devemos permanecer nele. Não importa o que houve até o momento, segue em frente, pois o sol nasce a cada dia e pode iluminar seus pensamentos.

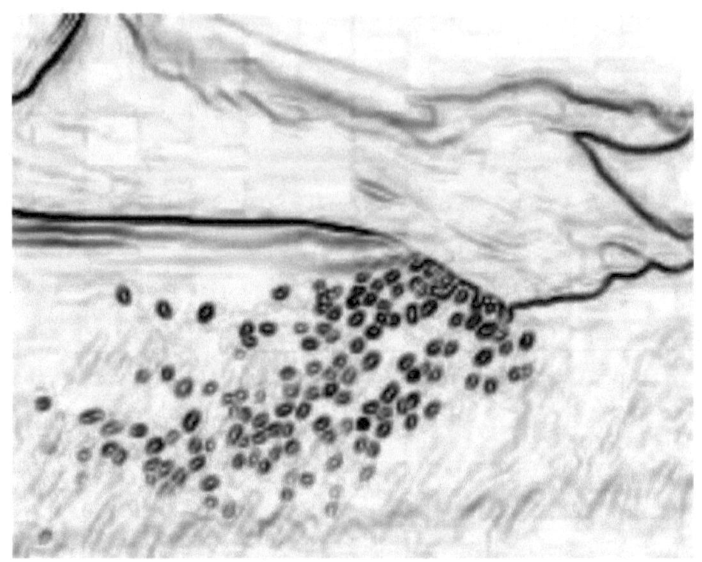

# **S**UA VEZ: POR ONDE COMEÇAR OU RECOMEÇAR

O que desejas com persistência e trabalho, você pode conseguir caso tenha uma estratégia. Os sábios recomendam: "Se deseja amor, doe amor, se deseja dinheiro, doe dinheiro; sorrisos, doe sorrisos; abraços, doe abraços. Pois, tudo o que doar primeiro, receberá depois".

A esse respeito são pertinentes as seguintes estratégias:

✓ Estabeleça metas em todos os campos, seja pessoal, emocional, financeira, familiar, social. Além disso, de convivência e aprendizado constante.

✓ Como ponto de partida para quem não tem um propósito definido, é imperativo que "arrume sua casa literalmente". Alinhe seu pensamento para sair da dormência mental em que se encontra.

✓ No ambiente de trabalho, em desacordo com chefias e colegas, enveredamos para outros caminhos, como fuga da situação. Essa solução, retarda o processo de enfrentamento do que podemos evoluir.

✓ A mente comanda sua forma de agir e para isso, reveja seus conceitos e modelos, superando o padrão de vida até então.

✓ Organizar suas contas fixas.

✓ Renegocie as dívidas ou deixe claro a sua situação para o cobrador.

✓ Tenha cautela ao investir, mas não perca seu propósito de vida.

✓ Planeje com antecedência quanto poderá gastar com seu lazer (semanal, mensal e férias).

✓ Conforme o ditado: "O seguro morreu de velho". Então, reserve recursos para possíveis emergências.

Nossos hábitos de despesas mostram o que somos, uma vez que, todo e qualquer movimento financeiro terá um custo/benefício.

Ter um planejamento financeiro é garantir que daqui a 5,

10, 15, 20 anos ou mais o seu propósito de vida seja concretizado.

O sonho de se tornar uma pessoa bem-sucedida financeiramente, fisicamente e socialmente, passa pelo crescimento emocional, pessoal e profissional. Essa afirmação é por constatar que as pessoas instruídas e que investem no seu aprendizado possam ter melhores condições de vida.

Os cinco pilares essenciais para sua vida indicam um caminho a seguir, mas trilhar esse caminho é um compromisso que faz parte do convencimento de cada um.

# P ENSAMENTOS DE MINHA VIDA...

[ "HOMO. Nosce te ipsum. " Homem. Conhece-te a ti mesmo". ]
(PLATÃO, 370 a.C)

[ Ama teu próximo como a ti mesmo. ] (JESUS)

[ Um homem sem propósito é como um navio sem leme. ]
(THOMAS CARLYLE, 1833)

ROBERTO CARLOS VALICHESKI

ROBERTO@QVSV.COM.BR

HTTP://WWW.QVSV.COM.BR/